# LIBERTÉ

## IMMÉDIATE ET ABSOLUE,

OU

## ESCLAVAGE.

# LIBERTÉ

## IMMÉDIATE ET ABSOLUE,

OU

## ESCLAVAGE.

### OBSERVATIONS

### SUR LE RAPPORT DE M. LE DUC DE BROGLIE,

Président de la Commission instituée par décision Royale du 26 mai 1840,
pour l'examen des questions relatives à l'Esclavage et à la Constitution
politique des colonies françaises;

ADRESSÉES

**A TOUS LES FRANÇAIS**

AMIS DE LA LIBERTÉ ET DE L'HUMANITÉ.

PAR

## GEO. W. ALEXANDER ET JOHN SCOBLE,

DE LONDRES.



## PARIS,

### LIBRAIRIE DE FIRMIN DIDOT FRÈRES,

IMPRIMEURS DE L'INSTITUT, RUE JACOB, 56.

1844.

1845

# LIBERTÉ

## IMMÉDIATE ET ABSOLUE,

ou

## ESCLAVAGE.

Pendant un séjour de quelques semaines à Paris, nous avons eu occasion de lire, avec toute l'attention qu'il mérite, l'éloquent et lumineux Rapport de M. le duc de Broglie, sur une question de la plus haute importance, le maintien de l'esclavage ou l'émancipation des colonies françaises : nous avons lu aussi les volumineux procès-verbaux des séances de la Commission nommée par le roi, et les principaux documents qui lui ont été soumis par le gouvernement, concernant les colonies de la Martinique, de la Guadeloupe, de Cayenne et de Bourbon. Incités par la seule influence des principes de la philanthropie chrétienne, nous allons mettre sous les yeux des amis de la cause de l'émanci-

I

pation, en France, le résultat de l'étude consciencieuse que nous avons faite et de ce rapport et de ces documents.

Les questions que cette Commission était appelée à résoudre touchaient à plusieurs intérêts divers, et il n'en est aucun qui n'ait été représenté. Peut-être aurions-nous tort de dire qu'on y ait laissé prédominer le parti colonial; mais nous pouvons affirmer avec une entière confiance que jamais, dans aucune des discussions qui ont eu lieu, on n'a perdu de vue les prétentions de ce parti, et que toujours on a amené principalement, si ce n'est même exclusivement, la grande question de l'abolition de l'esclavage dans les colonies françaises, sur les moyens propres à concilier les intérêts des planteurs avec la liberté des esclaves. Non toutefois que, dans cette même Commission, il ne se soit trouvé plus d'un membre distingué qui ait élevé la voix pour replacer la question dans son véritable point de vue, celui de la justice que réclame une race depuis si longtemps opprimée, et dont les titres à la liberté personnelle et à la protection des lois civiles sont aussi forts, aussi incontestables que ceux du plus fier gentilhomme ou du plus honorable citoyen de France.

Les documents dont nous parlons abondent en matériaux du plus grand intérêt pour le phi-

( 3 )

lanthrope , et extrêmement précieux pour l’homme d’État. Les faits, les opinions, les principes les plus divers, et souvent, au fond, les plus contradictoires, ont leurs avocats dans les rapports fournis à la Commission, aussi bien que dans les discussions auxquelles ils ont donné lieu. Mais, en définitive, les deux seules parties véritablement engagées dans ce procès étaient les propriétaires d’esclaves et les abolitionistes, et le problème à résoudre était l’option entre la liberté et l’esclavage.

Jaloux des droits qu’ils invoquent et des intérêts qu’ils mettent en avant, les planteurs repoussent opiniâtrément l’abolition de l’esclavage, comme étant la ruine des uns et des autres; et c’est à quoi l’on devait naturellement s’attendre. D’un autre côté, les amis de l’humanité réclament avec une égale insistance l’émancipation, comme un acte de justice qu’on ne peut plus désormais refuser à l’esclave, dont trop longtemps les intérêts, le bonheur, la vie même, ont été sacrifiés à la soif de richesse et de pouvoir dont le maître est dévoré.

Chassé par la force des arguments et par l’évidence des faits, de toutes les positions que lui avaient ménagées l’esprit de sophisme ou l’intérêt personnel; relancé, pour ainsi dire, dans tous ses gîtes, le planteur aux abois cherche à se retrancher dans des lois aussi injustes que barbares; il invoque le Code Noir pour appuyer ses préten- tions impies; suivant lui, parce qu'une loi inhu- maine dépouille les hommes de leur personnalité et les ravale à l'état de choses, ses droits sont in- violables, et l'esclavage doit être éternel. Mais à une si étrange prétention, qui, si elle était admise, ne tendrait rien de moins qu'à anéantir les droits de tout homme quelconque dans l'état social, il suffit d'opposer cette éloquente déclaration adressée au même parti par un des plus grands hommes des temps modernes, pendant la lutte qui, en Angleterre, précéda et amena l'émanci- pation : « Il est une loi qui domine toutes les dispositions des codes émanés de la volonté hu- maine; loi écrite dans le cœur de l'homme par le doigt de Dieu lui-même; et en vertu de cette loi, immuable et éternelle, les hommes, tant qu'ils mépriseront la fraude, tant qu'ils répu- gneront à la rapine et auront horreur du sang, repousseront avec indignation cette idée, aussi chimérique que sauvage et criminelle, que l'homme peut être propriétaire de l'homme. » Tous les instincts, toutes les inspirations de la nature humaine répondent à cette sublime pro- clamation de ses droits inaliénables et indes- tructibles, et les axiomes de la morale, appuyés par les vérités de la religion, en confirment l'irréfragable autorité. Telle est là base de toute législation équitable dans les pays libres; telle est l'unique garantie de ces droits que les hommes de tous les siècles ont regardés comme leur bien le plus cher, de ces droits pour l'établissement et la défense desquels ils n'ont trouvé ni travaux trop pénibles, ni sacrifices trop grands, ni trépas trop affreux.

C'est, en substance, sous le même point de vue que la Commission a envisagé les choses : « L'esclavage, dit-elle, est contraire aux lois de la morale; il déprave le maître et l'esclave : il déprave le maître, en lui conférant sur l'esclave une autorité que l'homme n'a point qualité pour exercer sur son semblable; il déprave l'esclave en le ravalant au niveau de la brute, en remplaçant chez lui, par la crainte et l'obéissance passive, toute activité volontaire, tout sentiment de responsabilité personnelle, en le détournant du mariage, en lui rendant odieux les liens de famille et impossibles les devoirs de la société domestique, en le dispensant de toute prévoyance, ou dégradant à ses yeux le travail, en le privant de toute éducation morale, en le maintenant dans l'ignorance des bienfaits et des préceptes de la religion, en concentrant toutes ses pensées, toutes ses préoccupations sur lui-même, et sur les jouissances grossières que peut comporter sa condition. Ces tristes vérités sont incontestables : le raisonnement les déduit *a priori* du principe même de l'esclavage; l'expérience en fournit la preuve dans tous les pays et dans tous les siècles (1). »

Voilà donc ce qu'est l'esclavage, quant à son principe et dans ses résultats nécessaires. Et ce système, représenté ailleurs par la Commission comme « un état violent, exorbitant, exceptionnel, *au fond injuste en soi*, » a encore aujourd'hui, dans les colonies françaises, de profondes racines. « Légalement, disent les planteurs, *les esclaves ne sont pas des personnes, ce sont des choses :* dans les villes, les esclaves sont choses meubles; dans les campagnes, ils sont immeubles par destination. La puissance publique n'intervient, à leur égard, que pour tempérer, dans certains cas, la rigueur de cette fiction, pour contenir ou protéger, selon l'occurrence, la puissance dominicale.

« Privés ainsi de leurs droits civils, de toute participation à l'existence sociale, les esclaves vivent cantonnés dans les maisons, dans les habitations. Chaque maison, chaque habitation est un enclos d'où l'esclave ne peut pas s'éloigner sans l'autorisation du maître; chaque exploita-

______

(1) Rapport de M. le duc de Broglie, p. 130.

tion rurale est un atelier où le travail s'exécute par voie de contrainte (1). » Mais ce n'est pas tout : non-seulement l'esclave est prisonnier sur l'habitation, et forcé à travailler sous l'impulsion du fouet, mais, comme les autres choses, comme tout autre genre de propriété, il peut être troqué, hypothéqué, légué, saisi, vendu publiquement à l'enchère, suivant le bon plaisir, le caprice ou les besoins et les affaires de son maître. Légalement, il ne peut rien posséder, rien acquérir. Se servir de lui-même pour son propre bien, c'est *crime*; garder ce qu'il gagne, c'est *vol*; prendre son corps sous sa propre garde et sous sa protection, c'est *révolte*. En un mot, le profit du maître est la seule fin, le seul but de son être, et il n'est purement et simplement qu'*un moyen* d'atteindre ce but; un moyen employé pour une fin à laquelle ses intérêts sont absolument étrangers, où ils n'entrent pour rien.

Certes c'est là un grand mal pratique, un mal qui avilit et opprime plus de deux cent cinquante mille individus, hommes, femmes et enfants, dans les colonies françaises, et qui, jusqu'à ce qu'on y ait mis un terme, sera une honte pour la France, et une tache à sa gloire. En-

(1) Rapport, p. 72.

suite, pour colorer cet excès de pouvoir que s'arroge le maître, on ose soutenir qu'il en use avec modération. Dans quelques cas il en peut être ainsi; mais ce serait bien peu connaître la nature humaine que de supposer que ce pouvoir terrible dont il est investi, soit pour forcer au travail, soit pour contraindre à l'obéissance, le maître n'en use que dans de rares occasions. Avec l'animal proprement dit, si les circonstances peuvent exiger l'emploi accidentel du fouet, pour stimuler ses efforts, il n'arrive que rarement qu'on le lui fasse sentir seulement de gaieté de cœur ou par colère, et sans aucun motif. Il n'en est pas ainsi avec l'homme; quoique réduit à la condition d'esclave, il porte encore dans son sein tous les sentiments d'un homme, la conscience de l'injustice, le désir de la liberté; et bien souvent la manière dont il est traité élève une lutte dangereuse entre ces sentiments et les droits et le pouvoir que la loi accorde à son maître. En pareil cas, non-seulement il devient nécessaire de vaincre sa résistance, il faut encore punir la désobéissance, subjuguer l'esprit de révolte : et si le fouet seul ne réussit pas pour obtenir ce résultat, la prison, le collier de fer, les ceps, le cachot, seront mis en œuvre pour y suppléer, jusqu'à ce que la malheureuse victime cède ou meure.

Une pure brute ne peut être coupable d'insolence, un esclave le peut. Un mot, un regard, un geste, peut allumer le courroux du maître, et à l'instant même sont infligés les plus affreux châtiments. La brute ne peut contrarier les volontés de son maître ou traverser ses vues et ses projets; l'esclave le peut dans bien des occasions, et pareille faute de sa part peut entraîner pour lui les plus terribles conséquences. Une grande vérité, c'est qu'il est toujours dangereux d'investir l'homme d'un pouvoir absolu sur l'homme son semblable. Jamais, pour lui-même ou pour les autres, il n'a été dans sa destinée morale de posséder et d'exercer une semblable omnipotence. Là même où le pouvoir de l'homme est limité, où tous sont égaux devant la loi, combien de fois l'autorité, armée du droit de réprimer et de punir, n'est-elle pas appelée à mettre un frein à l'oppression et à châtier la cruauté? Et si des abus de cette nature se manifestent chez les nations les plus civilisées, telles que la France et l'Angleterre, là où l'opinion publique, le sentiment moral et le principe religieux viennent en aide à la loi, là où la presse, libre de toute entrave, peut hautement et hardiment dénoncer la tyrannie et le crime, combien ne doivent-ils pas être plus fréquents dans les pays à esclaves, où la plus atroce de toutes les spoliations est consacrée par la loi même, où l'opinion publique est toute en faveur de l'oppresseur, où les sentiments moraux sont profondément pervertis, où la religion est ou inconnue ou méprisée, où n'existe pas, où ne saurait exister une presse libre, dont les cent voix puissent dénoncer et condamner avec une sainte indignation des crimes qui font pâlir l'humanité, et arrachent des larmes à la justice, à la vue de ces coupables pour qui elle n'est qu'un fantôme impuissant.

Ainsi donc, alléguer ici en faveur des colons français la douceur de leurs mœurs comme un tempérament à la puissance dont ils sont revêtus, comme rendant le joug de l'esclave non-seulement supportable, mais léger, comme lui faisant une condition préférable à celle de l'ouvrier de l'Europe, c'est, à nos yeux, outrager le sens commun. Si ces mœurs douces, si ces dispositions débonnaires existent en effet chez les planteurs, le pauvre esclave est en dehors de leur sphère d'influence; les lois et les mœurs le relèguent bien loin hors du cercle de leurs sympathies. Il ne vient jamais à l'esprit du maître que ce précepte sacré : « Tu aimeras ton prochain comme toi-même, » puisse regarder en rien son esclave, ni qu'il puisse être protégé le moins du monde par cette maxime, plus précieuse que l'or et le diamant : « Toutes les choses que vous voulez que les hommes vous fassent, faites-les leur aussi de même. »

Non, l'esclave est un proscrit. Comme homme, il passe sa vie dans l'avilissement et la dégradation ; il meurt sans exciter un sentiment de pitié, sans qu'on fasse d'autre attention à lui que celle qu'excite ordinairement une perte matérielle, une diminution dans le capital ou la propriété du maître, et il ne laisse à ses enfants que le triste héritage d'un labeur sans récompense, de privations imméritées, de châtiments barbares et d'une mort précoce.

Révoquerait-on en doute la vérité de ce tableau ? Eh bien, cherchons-en la preuve, non dans les archives des temps anciens de l'esclavage, mais dans celles du temps où nous vivons, et voyons ce qu'elles vont nous offrir. En 1842, le ministère de la marine publia la seconde partie des Rapports relatifs à l'exécution des lois votées par les chambres pour la construction des chapelles, pour l'instruction religieuse des esclaves et pour les adoucissements généraux qu'on voulait apporter au sort de cette partie de la population. Or, non-seulement les fonds alloués pour cet objet furent en grande partie détournés de leur destination, mais on voit encore, par ces documents, que les maîtres s'opposèrent en gé-

néral et à ce que l'instruction religieuse fût don-
née à leurs esclaves sur les plantations, et à ce
qu'il leur fût permis d'aller à l'église pour la re-
cevoir. La raison qu'ils allèguent pour motiver
leur résistance, à quelque point qu'elle puisse
blesser notre sensibilité, n'est pas, il faut en
convenir, dépourvue de solidité, tant que l'esclavage sera maintenu. Plus l'esclave est éclairé,
disent les planteurs, plus il est enclin à se mon-
trer raisonneur et indocile, c'est-à-dire, à sentir
et à agir en homme. Quel plus noble hommage
peut-on rendre à l'esprit de la liberté, à cet esprit régénérateur, que de reconnaître ainsi que
partout où il souffle, il cherche et répand les
lumières de la civilisation ; et en même temps,
quelle plus frappante condamnation du funeste
esprit de l'esclavage, qui voudrait, s'il était possible, arracher en quelque sorte les yeux de
l'âme, ou du moins empêcher que le moindre
rayon de science humaine ou divine pût arriver
jusqu'à eux !

Les mêmes Rapports nous apprennent que les
propriétaires, qui d'abord appelaient, avec toute
l'assurance d'un défi, l'inspection la plus rigou-
reuse de leurs plantations, surtout en ce qui
concernait le régime auquel, en général, ils sou-
mettaient leurs esclaves, ont ensuite changé
d'idée, se sont refusés aux visites que voulaient

faire les magistrats, en vertu des ordres du gouvernement, et ont déclaré qu'ils ne les souffri-
raient pas, à moins d'y être contraints par la force.
Aussi, les officiers institués pour exercer ces ins-
pections se sont-ils souvent vus dans la nécessité d'avoir recours à la gendarmerie, et de s'en
faire appuyer pour accomplir leur mission. De
là des clameurs, des accusations de tyrannie; et
finalement, à la Martinique, l'opposition a été
poussée à un tel point d'exaspération, que l'or-
donnance royale qui autorise les magistrats à
faire ces visites est aujourd'hui suspendue!
Mais, en dépit de cette opposition, plus d'un
fait, de la nature la plus révoltante, n'en a pas
moins été mis au jour. Dans plusieurs quartiers
de Cayenne et de Bourbon, par exemple, un
grand nombre d'esclaves des cantons de la campagne ont été trouvés dans un état de complète
nudité. On en a vu qui se rendaient à leurs travaux journaliers, les uns chargés de lourdes
chaînes, les autres ayant au cou des colliers de
fer, d'autres le visage couvert d'un masque, sous
prétexte qu'ils étaient mangeurs de terre. Les
esclaves qui s'étaient enfuis portaient d'affreux
colliers de fer, armés les uns de trois, les autres
de sept piquants; ou ils avaient les fers aux pieds
et traînaient de pesantes chaînes, précautions
dont le but était de les empêcher de déserter de

nouveau. A Bourbon, sur *deux* communes seulement, non moins de 353 esclaves s'étaient enfuis de chez leurs maîtres dans le court espace de trois mois, et, pour les punir de leur désertion, on les avait condamnés à une et trois années de chaînes, et même davantage. A Cayenne, les ordonnances relatives à la nourriture des esclaves sont complétement tombées en désuétude; on devait leur accorder un samedi chaque semaine pour faire leurs provisions : on ne leur en donne plus que deux par mois. Sur beaucoup d'habitations, principalement à la Guadeloupe, on a trouvé des prisons particulières, comme supplément aux punitions publiques et légales; et là, comme dans les autres colonies, le fouet, les ceps et les chaînes sont les instruments de punition qu'on emploie ordinairement, sans que les lois aient le pouvoir de réprimer de tels excès (1).

Il serait peut-être difficile de rendre un compte rigoureusement exact de la manière dont, en général, les esclaves sont traités sur les habitations, et cela en raison des précautions que prennent les maîtres pour soustraire aux yeux du public la discipline à laquelle ils les soumettent; mais le

_______________

(1) Traités publiés par la Société française pour l'abolition de l'Esclavage, n° 19, p. 116-120.

peu de faits qui se révèlent de temps à autre sont plus que suffisants pour justifier à cet égard les conjectures les plus affligeantes. Nous ne prétendons pas que tous les propriétaires d'esclaves soient également cruels, également cupides; mais ce que nous ne craignons pas d'affirmer, sans craindre de nous tromper, c'est que l'oppression est la règle, et que les égards et l'humanité envers l'esclave sont l'exception, partout où l'esclavage existe. Quand même cet état de choses ne serait pas le résultat nécessaire des relations contre nature et de l'antagonisme continuel qui existent entre le maître et l'esclave, on pourrait encore en baser la démonstration non-seulement sur des raisonnements généraux, mais sur des faits d'une authenticité et d'une autorité incontestables.

Ce qu'on ne saurait nier non plus, c'est que partout où règne l'esclavage, on exige le travail sans mettre à côté un salaire équivalent, et cela en opposition directe avec la volonté et les intérêts du travailleur, sans avoir égard ni au sexe ni à l'âge, et au sortir même de la première enfance ; outrage aux premiers principes de justice et d'humanité, outrage cruel que la force seule peut appuyer et perpétuer. Le travail de l'esclave est un travail arraché par la violence, et cette violence, on l'applique aux femmes, sans plus de pitié qu'aux hommes. La crainte du châtiment, et non l'espoir d'une récompense; le fouet, et non des gages proportionnés au labeur, ce sont là les stimulants qui font travailler l'esclave. Ainsi la cruauté est le résultat nécessaire de ce système. Quant à la nature et à la somme du travail imposé à l'esclave, c'est ce qui est abandonné au libre arbitre, au caprice du maître, et subordonné aux besoins de la plantation, au genre et à l'étendue de la culture, au nombre de bras disponibles, aux saisons, etc. Règle générale cependant, et ce qu'on peut affirmer en toute sûreté, c'est que la tâche de l'esclave n'a de mesure que les dernières limites de sa force; souvent même elle les dépasse, surtout au moment des récoltes, c'est-à-dire, pendant à peu près cinq mois de l'année.

Pour prix de tant de fatigues, le maître accorde à ses esclaves, chaque semaine, une chétive pitance, quelques aliments grossiers, ou, au lieu de cette maigre ration hebdomadaire, un jour sur sept, et même quelquefois un temps moins long, pour se pourvoir par eux-mêmes, du mieux qu'ils le peuvent, des premières nécessités de la vie. Ces aliments, de la plus vile espèce, cette journée de demi-liberté, de misérables vêtements de nulle valeur, qu'ils n'obtiennent même pas toujours, quelques secours médicaux, quand on daigne leur en administrer, voilà donc quelle est la récompense d'un travail exorbitant, arraché à ces malheureux par la menace et les coups de fouet! N'est-ce donc pas là de l'oppression, la plus inique oppression?

Il est incontestable que le système de l'esclavage est une source d'affreuses misères et entraîne une effrayante déperdition de vies humaines. D'après le recensement de 1840, la population esclave de la Martinique s'élevait à 76,503 individus; celle de la Guadeloupe, à 94,109; celle de la Guyane française, à 15,285, et celle de Bourbon, à 67,227. Dans les tableaux qui accompagnent ces rapports, le parallèle entre les naissances et les décès présente les résultats ci-après : la moyenne, pour les sept années finissant en 1840, donnait les chiffres suivants, savoir :

A la Martinique, naissances. 2388
Décès. 2295

Augmentation annuelle de la population. 93

A la Guadeloupe, naissances. 2058
Décès. 2008

Augmentation annuelle. 50

2

A Cayenne, décès.  510
Naissances.  343

Diminution annuelle.  167

A Bourbon, décès.  2230
Naissances.  1210

Diminution annuelle.  1020

D'où il résulte que dans ces quatre colonies la moyenne des décès, par année, est de 7,043, tandis que celle des naissances n'est que de 5,999; ce qui montre que la population esclave y décroît annuellement de 1,044 individus. A Cayenne, le nombre des hommes excède celui des femmes de 813, et à Bourbon de 17,024, excédant qui provient de ce que, jusqu'à une époque comparativement récente, des importations d'esclaves ont eu lieu dans ces colonies; mais en ayant d'ailleurs égard à cette différence numérique des deux sexes, le résultat général de la mortalité est fait pour frapper d'effroi toute âme humaine et tout esprit réfléchi. A la Martinique même et à la Guadeloupe, où la masse de la population esclave est plus concentrée et où le nombre des femmes surpasse celui des hommes de 8,785, l'excédant annuel des naissances sur les décès n'est que de 143; tandis que pour la population esclave de ces îles seules, si les choses

suivaient leur cours naturel, les naissances de-
vraient dépasser les décès de 5,000 au moins!
Or, à quoi doit-on attribuer cette immense perte
de créatures humaines, et par conséquent une
si déplorable diminution de force physique dans
les colonies françaises, si ce n'est à l'atroce système d'esclavage que l'on s'obstine à y maintenir, et qui non-seulement prive les esclaves de
leurs droits personnels et les soustrait à la protection des lois civiles, mais encore, en les con-
damnant à un régime alimentaire au-dessous de
leurs besoins et à un travail au-dessus de leurs
forces, renverse l'ordre de la nature et va directement contre ce commandement émané de
Dieu même : « Croissez et multipliez. »

Un autre effet incontestable de l'esclavage,
c'est de torturer et d'abâtardir la constitution
physique de l'homme, et bien plus encore d'outrager perpétuellement sa nature morale et ses
affections sociales. Nous avons déjà montré comment les maîtres s'opposent à ce que leurs esclaves soient admis aux bienfaits de l'éducation,
ou, s'ils ne s'y opposent pas dans tous les cas et
d'une manière absolue, par quelles conditions
ils l'entravent et parviennent presque à la réduire à rien. Nous allons faire voir maintenant
quelle influence ce système exerce sur les liens
sociaux des esclaves et comment il fait violence à

leur nature morale. Les droits de l'union conjugale, ces droits que reconnaissent et respectent les peuplades même les plus sauvages et les plus dénuées de toute civilisation, les propriétaires d'esclaves les foulent aux pieds. L'esclave ne le sent que trop, et lorsqu'on lui parle de mariage, il s'y refuse le plus souvent, et motive sa résistance sur ce que cet état n'est pour lui qu'une charge et un embarras sans compensation, tant qu'il est esclave. En effet, il ne peut pas dire que sa femme soit à lui; il ne peut pas dire que ses enfants lui appartiennent. A peine ils voient la lumière, que le maître étend sur eux ses mains impies, et les réclame comme sa propriété, en vertu de la loi qui l'y autorise. L'esclave ne jouit d'aucun des droits du mariage; car le maître peut, selon son bon plaisir, séparer la femme de son mari, le père de son enfant, sans s'inquiéter ni du cri de l'affection conjugale, ni des angoisses de l'amour paternel. C'est ce qui n'est que trop prouvé par le seul fait suivant, que nous fournit un rapport du conseil spécial de la Guadeloupe. Dans un intervalle de quinze ans, c'est-à-dire, de 1825 à 1839, 37,871 esclaves ont été vendus dans cette seule colonie, savoir : par actes authentiques, 24,554; par actes sous seing privé, 11,349; et par adjudications judiciaires, 1,968. Sur ce nombre considérable d'individus qui, pendant ces quinze années, ont ainsi changé de mains, 7,698 avaient de 1 à 13 ans; 5,189 de 14 à 20; 11,241 de 21 à 40; 2,548 de 41 à 50; 2,042 de 51 à 60, et 9,153 se trouvent sans désignation d'âge. On peut bien imaginer jusqu'à un certain point, mais jamais on ne concevra dans toute leur étendue toutes les douleurs, toutes les misères dont ces ventes ont dû être la cause, et l'agonie des séparations que quelques-unes ont dû rendre nécessaires. C'est ainsi que l'esclavage dégrade et torture l'humanité; c'est ainsi qu'on se fait un jeu de briser les nœuds les plus saints et les plus tendres affections dont se composent nos relations sociales.

On ne saurait nier non plus que toutes les tentatives faites jusqu'ici, pour réprimer les barbaries exercées sur les esclaves par les maîtres, n'aient évidemment et complétement échoué. L'esclavage vicie jusque dans sa source le cours bienfaisant de la justice. Il est bien rare, d'ailleurs, que le maître, accusé des crimes les plus révoltants, les plus affreux, soit convaincu et condamné; et lors même qu'un procès a cette issue, la pénalité ne sert qu'à démontrer le peu qu'il en coûte pour se permettre les plus grandes atrocités sur la personne d'un esclave. Et pourquoi en est-il ainsi? parce que ce sont des propriétaires d'esclaves qui viennent siéger comme juges; parce que les esclaves ne peuvent légalement témoigner contre leurs maîtres; et il est clair qu'aussi longtemps qu'un pareil système subsistera, on ne pourra le maintenir qu'en substituant la force à la raison, la tyrannie à la loi. Autrement, ses victimes pourraient chercher une protection contre la violence, et parfois obtenir une victoire fatale à la monstrueuse autorité de leurs maîtres.

Les faits abondent, que nous pourrions citer à l'appui de nos allégations et qui en mettraient la vérité dans tout son jour. On n'a pas oublié, par exemple, les procès assez récents dirigés par le gouvernement contre Drouillard, Mahaudière et Ami-Noël, à la Guadeloupe; contre Laurent Châtenay et Lacaillerie, à la Martinique; contre Fourier, à Cayenne. Qui peut les avoir lus sans avoir acquis la douloureuse certitude que le gouvernement est impuissant pour protéger les malheureux esclaves contre les plus horribles cruautés, et même contre l'assassinat? Dans toutes ces affaires, malgré les preuves les plus claires et les plus complètes, des preuves qui, devant tous les tribunaux de France, auraient opéré la plus entière conviction, les accusés ont été ou acquittés, ou condamnés à des peines légères; et dans deux de ces procès, les verdicts d'acquittement ont été accueillis avec de scandaleuses acclamations de joie par les colons qui remplissaient la salle d'audience. A Bourbon, le procureur général lui-même a déclaré nettement que jamais il ne poursuivait les maîtres, attendu qu'ils seraient immanquablement acquittés, et que les assigner devant les tribunaux, ce serait frapper de nullité toutes les remontrances qu'il pourrait leur adresser. Au lieu donc d'appeler les coupables devant la justice, il en est réduit à de vaines admonitions et à d'inutiles réprimandes. Est-ce donc en France, est-ce dans aucune de ses possessions qu'un tel état de choses devrait être toléré? Et la dignité d'un si grand peuple permet-elle d'en souffrir la continuation?

On voit ce que c'est que l'esclavage, tel qu'il existe aujourd'hui dans les colonies françaises ; c'est un système qui ravale l'homme au niveau d'une chose, qui lui ravit toute volonté propre, tout libre arbitre ; qui le condamne à un labeur sans salaire, qui dégrade sa nature morale, qui outrage ses affections naturelles, qui le condamne à mourir avant l'heure marquée par la nature, et qui enfin, en renversant les principes les plus communs de l'humanité et de la justice, brave le gouvernement et se rit de son autorité et de ses ordres. Nous le demandons maintenant, souffrira-t-on qu'il prolonge son odieuse existence, qu'il continue à opprimer, à avilir des milliers de générations d'hommes? Ou doit-il être aboli sans délai et sans restriction?

« L'extirper sur-le-champ! l'extirper sans en laisser vestige! » tel sera, nous en sommes sûrs, le cri de tout Français éclairé et généreux. Il lui suffira de sentir pour lui-même le prix infini de la liberté, pour voler au secours de l'esclave, pour ne pas se relâcher de ses efforts, pour ne pas se détourner de ce noble but, tant que l'honneur de son pays ne sera pas vengé par la destruction complète de ce monstrueux fléau, tant qu'il ne pourra pas se dire que le pavillon de la France, par le plus doux de tous les triomphes, ne flotte plus que sur des hommes libres, dans toutes les contrées soumises à son empire.

Bien simple est la question à résoudre : justice à l'esclave outragé. Ou la liberté, ou l'esclavage, c'est entre ces deux termes qu'est la solution, qui ne se complique que lorsque l'on entreprend de concilier les droits indubitables et inaliénables de l'esclave avec les prétendus droits insolemment réclamés par le maître. Les droits du maître! mais ni la nature, ni la raison, ni la religion, ne lui donnent celui de retenir un seul instant son semblable dans les liens de la servitude. Son devoir l'oblige au contraire à lui rendre sa liberté, sans délai ni réserve, à lui restituer des droits jadis usurpés par la force, et que la force peut seule s'obstiner à garder; et, s'il était possible, à l'indemniser pour tout le travail que lui ont arraché des instruments de torture, pour toutes les angoisses d'esprit et de cœur qu'il a éprouvées pendant de longues années de souffrance, et pour la profonde dégradation dans laquelle une impitoyable cupidité n'a pas craint de le plonger. Et ce que le planteur n'avait pas le droit de faire, certes l'État n'a pas le droit de le faire pour lui. Quel gouvernement juste aliénerait jamais la liberté d'une seule créature humaine, si ce n'est pour cause de crime, ou permettrait qu'on la retînt en servitude une heure seulement? Sa mission est de protéger, et non de détruire la liberté, de réprimer le crime, et non de le favoriser. Mais réduire à la condition d'esclaves des hommes innocents, perpétuer cette condition dans leurs descendants non moins innocents qu'eux, c'est, de tous les crimes anti-sociaux, le plus odieux, le plus abominable qu'on puisse imaginer. Ainsi donc, demander que l'esclave soit rendu à lui-même, qu'il puisse dire que ses membres, son intelligence, son travail et son industrie lui appartiennent; qu'il jouisse de ce bonheur si doux à un cœur d'homme, d'appeler une femme sa femme, et les enfants issus de lui ses enfants, sans qu'on puisse les lui ravir, assurément il n'y a rien là que de raisonnable. Demander qu'il rentre sous la protection de la loi, sans distinction ni restriction, que sa personne, sa liberté, sa propriété et sa vie soient tenues aussi sacrées que celles de son maître, certes c'est invoquer les droits les plus incontestables de la justice. Il s'agit de renverser une législation barbare, d'abolir des pratiques en désaccord avec le siècle où nous vivons, et c'est aux Français de nos jours que cette noble tâche est réservée. Puissent-ils l'accomplir d'une manière digne d'eux, digne du rang élevé qu'ils occupent dans la grande famille des nations!

Mais, demandera-t-on peut-être, y aurait-il sûreté à émanciper les esclaves? Question importante sans doute, qui a été étudiée et approfondie par la Commission, et à laquelle, suivant nous, répond aussi complétement qu'on puisse le désirer, le passage suivant, que nous extrayons de son Rapport : « L'émancipation des esclaves est-elle compatible aujourd'hui, dans nos colonies, avec le maintien de l'ordre matériel, avec la sécurité des personnes et des habitations, avec le respect des propriétés publiques ou privées? Nous n'en faisons aucun doute. Notre opinion, sur ce premier point, n'est pas contredite même par les conseils coloniaux; elle est conforme à celle qu'ont exprimée, dans les documents qui

- nous ont été adressés, la plupart des magistrats métropolitains (1). »

Après avoir rapporté les opinions de ces fonctionnaires, à l'appui de ses conclusions, la Commission ajoute : « Le résultat de l'émancipation, telle qu'elle s'accomplit depuis huit ans dans les colonies anglaises, changerait, au besoin, ces conjectures en certitude.

« Depuis huit ans, en effet, c'est-à-dire, pour être exact, depuis le 1er août 1834, l'émancipation est proclamée dans les colonies à esclaves de la Grande-Bretagne. Ces colonies sont au nombre de dix-neuf. Elles contiennent environ 800,000 noirs, tandis que la France ne possède que quatre colonies à esclaves qui ne contiennent que 250,000 noirs environ. Les premières sont dispersées entre la mer des Antilles, l'extrémité méridionale de l'Afrique et l'entrée de la mer des Indes. Leur origine est très-diverse. Les unes ont été fondées par le gouvernement britannique lui-même; les autres ont été conquises successivement sur la France, l'Espagne et la Hollande. Toutes portent encore profondément l'empreinte des mœurs, des habitudes de leurs premiers fondateurs et des lois de leurs métropoles primitives. Douze se gouvernent, en quelque sorte, elles-

(1) Rapport, p. 6.

mêmes, par leurs législatures propres ; sept relèvent directement de la couronne : sous l'empire de conditions climatériques, sociales et politiques si différentes, partout l'émancipation s'est opérée, en 1834, et poursuivie depuis lors paisiblement et sans violence. On peut avancer, sans crainte d'être démenti, que cet événement, au premier aspect si formidable, que cet appel de près de 800,000 esclaves à la liberté, le même jour, à la même heure, n'a pas causé, en huit ans, dans toutes les colonies anglaises, la dixième partie des troubles que cause d'ordinaire, chez les nations les plus civilisées de l'Europe, la moindre question politique qui agite tant soit peu les esprits (1). »

A entendre les planteurs, la loi qui allait proclamer la liberté devait être le signal de la violence, de la spoliation, de la révolte et du massacre ; l'événement a donné le démenti le plus complet à ces sinistres prédictions. Pas un seul crime n'est venu souiller le beau jour qui a apporté la liberté aux esclaves, et tout sentiment de l'oppression passée s'est perdu, pour le nègre émancipé, dans la félicité dont son cœur était inondé ! O spectacle bien digne du siècle où nous vivons ! qui aurait pu voir sans la plus vive émotion,

(1) Rapport, p. 8.

sans la plus profonde reconnaissance envers l'au-
teur de tout bien, le vil esclave des Antilles anglaises, délivré de ses fers par la main de la philanthropie chrétienne, se redresser enfin, et,
portant ses regards vers le ciel, marcher dans
toute sa dignité d'homme et dans la conscience
de sa liberté!

Et pourquoi l'esclave des Antilles françaises
ne jouirait-il pas du même bienfait? pourquoi
serait-il privé du plus précieux de tous les priviléges? La Commission l'a déclaré : l'esclavage
est un crime qu'il est impossible de justifier dans
sa nature et dans son principe, et l'émancipation
est non-seulement sans danger aucun, mais dé-
sirable, mais nécessaire. Ce sont là des points
que la Commission a mis au-dessus de toute
controverse; mais, nous regrettons profondément
de le dire, il semble qu'elle n'ait pas osé se pro-
noncer sur la nécessité et le devoir non moins
impérieux de mettre à l'instant même un terme
au crime qu'elle condamne, en donnant la liberté aux esclaves. Après le développement des
mesures qu'elle propose, voici ce qu'ajoute la
Commission : « Si nos propositions sont adoptées,
l'émancipation aura lieu dans dix ans; le régime
exceptionnel qui lui succédera expirera au bout
de cinq ans : on pourra le proroger, sans doute;
mais avant d'en venir là, il sera sage d'y regar-

der à deux fois. Dans tous les cas, ce ne pourrait être que pour peu de temps : tout régime
exceptionnel doit être court ; autrement les mé-
contentements qu'il produit l'emportent de beaucoup sur les avantages qu'il procure. » Il faut
donc, si l'on adopte l'avis de la Commission, que
l'esclavage soit maintenu pendant dix ans encore,
et fasse place ensuite à une sorte de servage,
qui ne durerait pas moins de cinq ans et peut-
être davantage ; de sorte que l'esclavage, en
réalité, ne cesserait que quinze ans au moins
après que la mesure dont il s'agit aurait reçu la
sanction législative des chambres et du roi ! « Dans
la vie des États, suivant l'expression du Rapport,
dix ans, quinze ans sont peu de chose. » Il est
vrai ; mais, qu'on nous permette de le dire à notre
tour, dans la vie d'un individu, dans la vie de la
génération présente des esclaves français, c'est
un laps de temps énorme ; qu'on ne l'oublie pas,
ces quinze ans, que l'on dit si courts, mèneront
à son terme l'existence de plus de la moitié de
cette population ; et quand cette période de
temps arrivera, la vieillesse, avec les infirmités
diverses qui l'accompagnent, aura atteint une
grande portion de la moitié restante ; de sorte
que, sauf les plus jeunes d'entre ces infortunés,
un très-petit nombre seulement verront s'ouvrir
pour eux les portes du sanctuaire de la liberté, et

seront assez heureux pour sacrifier sur son autel.
Dix années de travail forcé, dix années de privations et de châtiments, de quelque peu d'importance que puisse paraître cet espace de temps, dans
l'histoire d'un État, sont une portion effrayante
de la vie d'un esclave. Et à ces dix ans d'esclavage,
pendant lesquels le fouet peut sillonner le corps
des femmes, sans plus de ménagement que celui
des hommes, pendant lesquels la pudeur et l'humanité peuvent être indignement outragées, succédera une espèce de servage, qui durera cinq
autres années, durant lesquelles le droit de loco-
motion sera soumis à certaines restrictions, des
engagements forcés seront imposés aux travailleurs, le *maximum* et le *minimum* des salaires seront réglés, non d'après la valeur réelle du travail, non par des conventions volontaires entre
les maîtres et les esclaves, mais par les gouver-
neurs respectifs chargés à cette époque de l'ad-
ministration des colonies; nous ne craignons pas
de le dire, un semblable projet est aussi impolitique qu'il est injuste.

Il est impolitique, en tant qu'il recèle des dan-
gers presque inévitables. « L'espérance trop longtemps ajournée n'est qu'angoisse et tourment
pour le cœur, et l'oppression peut rendre fu-
rieux l'homme le plus paisible. » Or, les esclaves
sont des hommes, ils savent que leur émancipa-

tion est résolue en principe, ils en jouissent déjà dans leur pensée ; et si vous en reculez l'époque, qui peut prévoir les résultats de cet ajournement? « *Sans espérance vaut mourir!* » disent-ils dès à présent. Prenez donc garde de changer cette espérance en désespoir. De plus, la marche proposée par la Commission, si elle recevait la sanction législative, entraînerait nécessairement une multitude de règlements de détail, sans aucun bien réel, sans aucun bien pratique, et dont l'exécution ne servirait qu'à exciter la plus fâcheuse irritation parmi les maîtres, sans aucun profit pour les esclaves. Comme mesure préparatoire, avant la liberté définitive, ce plan ne peut manquer d'échouer, et les conséquences peuvent en être extrêmement graves. Autant vaudrait essayer d'amalgamer le fer et l'argile, que d'entreprendre de concilier des éléments aussi antipathiques que la liberté et l'esclavage ; une semblable fusion est à jamais impossible. Une mesure hardie, vigoureuse et juste en même temps, sera toujours en définitive la plus sûre et la plus avantageuse à toutes les parties.

Nous disons que le plan de la Commission est injuste autant qu'impolitique : il est injuste en tant qu'il recule l'époque d'une émancipation qui doit être accordée aux esclaves sans restriction comme sans délai, en tant qu'il les prive du fruit de leur travail, au profit de ceux dont les prétentions sont, il est vrai, basées sur une jouissance légale, mais évidemment contraires aux droits naturels de l'homme et à la volonté de Dieu, telle qu'il nous l'a révélée.

Pour justifier sa conclusion en faveur d'une mesure si défectueuse et sujette à tant de difficultés et d'objections, la Commission commence par invoquer le droit qu'a le gouvernement, droit fondé sur des raisons politiques, de différer l'émancipation, ou, à tout événement, de déterminer les conditions auxquelles elle pourra s'effectuer. Que le gouvernement en ait le pouvoir, c'est ce qu'il nous faut bien admettre, puisqu'il a entre ses mains la force nécessaire pour se faire obéir; mais qu'il en ait le droit, c'est ce que nous oserons lui contester, avec tout le respect que nous devons d'ailleurs à ses intentions et à sa sagesse. Non, il n'a jamais eu, et jamais il ne peut avoir le droit de faire ce que la morale condamne; et l'histoire du monde est là pour prouver que toutes les fois que la convenance ou la politique ont usurpé la place d'un principe d'équité, cette conduite, non-seulement a amené une foule de difficultés et d'embarras, mais encore a fait manquer en grande partie, dans certains cas, et complétement dans d'autres, le but qu'on l'avait crue propre à atteindre. Ce qui est mauvais en morale ne peut jamais être bon en pratique; c'est un axiome qu'on ne saurait trop répéter, dont on ne saurait trop se pénétrer, et que le législateur et le gouvernement ne doivent jamais perdre de vue, dans l'exercice de leurs fonctions respectives.

On prétend ensuite qu'on doit subordonner l'émancipation des esclaves à l'indemnité à laquelle leurs maîtres ont droit, ou, en d'autres termes, et ce qui revient au même, que l'émancipation et l'indemnité doivent être simultanées. Sur quel principe d'équité peut donc être fondée cette doctrine? C'est ce que nous avons peine à deviner, à moins que la Commission n'attribue à la loi qui a créé l'état d'esclavage la même autorité qu'à cette loi universelle de la justice, qui, comme nous l'enseignent la raison et la révélation, domine souverainement toutes les autres, et oblige également tous les hommes. Si jamais, si, dès l'origine, ce fut un crime de réduire à la condition d'esclaves les nègres des colonies françaises, cet abus de la force ne peut jamais perdre son caractère de crime; ni le temps, ni la sanction du gouvernement ne sauraient rien lui ôter de ce qu'il a d'inique ou d'abominable. Bien plus : la continuation de cet odieux outrage à l'humanité, son extension aux descendants des premières victimes, n'a fait qu'en aggraver l'atrocité. Le premier devoir des propriétaires envers leurs esclaves, devoir aussi clair, aussi incontestable que la lumière du jour, c'est de les émanciper sans délai, sans restriction et sans compensation; car le renoncement au crime est un des premiers devoirs que nous imposent la morale et la religion. Ainsi donc, faire dépendre l'émancipation du payement d'une indemnité à ces prétendus propriétaires, c'est la plus grossière, la plus criante injustice qu'on puisse infliger à l'esclave. La liberté n'est point un don qu'on lui fait, c'est un bien qu'on lui restitue, dans lequel il a droit de rentrer sans compromis. Et s'il peut y avoir lieu à une compensation, nous disons que c'est là une question à débattre entre le gouvernement et les planteurs, et qui doit être, si l'on veut absolument s'en occuper, considérée comme à part et entièrement distincte de celle de la liberté des esclaves. Ajourner l'époque de leur émancipation, et les forcer ainsi à payer par eux-mêmes, en tout ou en partie, l'indemnité qui peut être accordée à leurs maîtres, ce serait, pour nous servir de l'expression de l'inspecteur colonial de la Guadeloupe, « un acte souverainement injuste. »

On prétend, en troisième lieu, que les esclaves ne sont pas propres à la liberté, et qu'en

3.

conséquence il est bon qu'ils demeurent en tutelle, jusqu'à ce qu'on les ait préparés à jouir de ce grand bienfait. Nous oserons demander ce qu'on entend par être propre à la liberté, et ce qui constitue cette aptitude. Serait-ce la pureté des mœurs? En ce cas, nous demanderons encore jusqu'à quel degré il faut posséder cette pureté de mœurs et la manifester. Les esclaves des colonies françaises sont, nous l'accordons, plongés dans l'ignorance; mais n'est-ce donc pas l'esclavage même qui les a ainsi faits, et qui les tiendra dans cet état, tant qu'on en souffrira la continuation? Et comment cette ignorance qu'on leur reproche prouve-t-elle qu'il faille les maintenir en servitude? C'est dans l'instruction, ce n'est pas dans l'esclavage qu'est le remède à ce mal. Mais pour que l'instruction puisse pleinement et sans obstacle arriver jusqu'à eux, commencez par les rendre à la liberté. C'est en vain que vous enverrez des ministres de la religion, chargés de leur enseigner les vérités de l'Évangile, si, dans le même temps, vous souffrez qu'en opposition avec l'esprit et la lettre de l'Évangile, ils restent esclaves et soient traités comme tels. C'est en vain que vous enverrez des maîtres d'école, pour les initier aux connaissances utiles, tant que, le fouet à la main, vous continuerez à leur arracher un travail au-

quel leur volonté se refuse, et à les astreindre
envers leurs maîtres à une obéissance avilissante.
Traitez-les comme des hommes; admettez-les
dans le giron de la loi commune, et alors votre
instruction sera reçue avec reconnaissance et
répondra à vos efforts par des fruits abondants.
Mais quoi! si l'on fait de l'instruction la condition de la liberté, ne s'ensuivrait-il pas que tout
homme ignorant devrait être esclave? et alors,
que deviendrait, hélas! la liberté d'un nombre
infini d'individus, en France et dans la Grande-
Bretagne? Au surplus, il faut bien se garder de
croire que les esclaves soient étrangers à certaines branches de connaissances et d'arts, lesquelles
suffisent pour les rendre aptes à la liberté; ils
savent tout ce qui concerne la culture propre au
sol des colonies; la fabrication du sucre, et la
préparation des divers produits coloniaux qui
conviennent aux marchés de l'Europe, leur sont
familières. Ils exercent un assez grand nombre de
métiers; ils excellent dans les divers emplois domestiques d'une maison, comme cuisiniers, valets
de chambre, palefreniers; les négresses sont de
bonnes servantes, de bonnes nourrices, etc. Enfin, en qualité de cultivateurs, de fabricants de
produits coloniaux, d'artisans et de gens de
maison, les nègres ont tout ce qu'il faut pour
gagner leur pain. Pourquoi donc ne leur serait-il

pas permis de tirer parti, comme hommes libres, de l'industrie et des talents qu'ils possèdent, à leur propre profit plutôt qu'au bénéfice des autres ?

On objecte encore que, moralement parlant, ils ne sont point propres à la liberté. Leurs mœurs sont grossières, nous le voulons; leurs habitudes sont vicieuses et basses, et ils n'ont aucun sentiment de l'importance de la religion et des devoirs qu'elle enseigne; mais est-ce là une raison suffisante pour les tenir plus long-temps dans l'esclavage? Et lorsque c'est l'esclavage même qui les a faits ce qu'ils sont, est-il raisonnable d'espérer qu'il les rendra meilleurs ? Nous reviendrons à notre argument, et nous dirons encore : Si la pureté des mœurs devait être une condition *sine quâ non* de la liberté, hélas ! que deviendrait celle d'une multitude d'individus en France et dans la Grande-Bretagne? Allons plus loin : que deviendrait celle des propriétaires d'esclaves eux-mêmes ? En maintenant l'esclavage, ils se rendent responsables de la dégradation morale de leurs esclaves ; et c'est vous, Français, législateurs, vous, qui, en perpétuant ce système, permettez-nous de le dire, devenez responsables de la continuation de cette déplorable dégradation de tant de milliers d'hommes ! Car nous tenons pour impossible qu'on vienne à bout de les tirer de cet avilissement, tant qu'on ne les rendra pas à la liberté. Dans les colonies anglaises, sauf un petit nombre d'exceptions, l'ignorance et l'abrutissement des esclaves n'étaient pas moins grands que dans les vôtres, en dépit de tout ce qu'on faisait pour y remédier. Aussi longtemps que dura l'esclavage, le mal, trop invétéré, résista à tous les efforts; mais heureusement il cède aujourd'hui à cette salutaire influence de la liberté, qui seule peut élever l'homme à la dignité de son être. L'éducation et la religion, que les planteurs croyaient autrefois incompatibles avec le maintien de l'esclavage, ils les regardent aujourd'hui comme deux liens d'or qui forment entre eux et les travailleurs l'union la plus solide et la plus douce, et qui, en avançant l'intelligence, la moralité et le bonheur de ces derniers, contribuent puissamment à la sécurité, à la prospérité et au bien-être de leurs anciens maîtres.

La Commission a su éviter, il est vrai, quelques-unes des erreurs les plus palpables dans lesquelles est tombée la législature britannique, lorsqu'elle a décrété la grande mesure de l'émancipation des esclaves dans les colonies anglaises; mais il en est d'autres aussi auxquelles malheureusement elle n'a pas échappé, erreurs encore

plus funestes et qu'il serait plus difficile de justifier. Parmi ces erreurs, nous avons signalé en
peu de mots celles qui touchent au principe
fondamental de l'abolition; nous allons maintenant porter notre attention sur deux points aux-
quels évidemment la Commission a attaché une
grande importance, et qui ont eu, nous n'en
doutons pas, une influence prépondérante sur
ses décisions. Nous voulons parler de la somme
de travail que fournissent les nègres dans les colonies anglaises depuis l'émancipation, et des
salaires qui leur sont alloués.

Quant au premier point, on peut affirmer,
sans craindre la contradiction, que depuis l'é-
poque de l'émancipation, la somme de travail
qu'on obtient des ci-devant esclaves n'a cessé
d'augmenter. L'atroce système de l'esclavage, en
vigueur dans ces colonies, entraînait une si dé-
sastreuse consommation de vies humaines, que
dans le cours des onze années qui ont fini en
1829-30, une population noire de 800,000 individus a diminué de plus de 52,000, par l'excédant des décès sur les naissances; mais depuis
l'entière abolition de l'esclavage, le 1<sup>er</sup> août 1838,
cette même population n'a cessé de s'accroître par
l'excédant inverse des naissances sur les décès.
L'amélioration morale des anciens esclaves, les
mariages plus fréquents, les soins plus attentifs

et plus faciles donnés aux enfants par les mères, une alimentation plus saine et plus abondante, plus de confortable dans le vêtement et le logement, telles sont les causes qui peuvent expliquer cet heureux changement.

On ne peut toutefois s'empêcher de reconnaître que le travail relatif à la culture du sucre a baissé jusqu'à un certain point, quoiqu'il s'en faille de beaucoup que cette diminution soit aussi forte qu'affectent de le répéter les ennemis de l'émancipation, ou que le supposent de bonne foi ceux qui ne sont pas à même d'être mieux informés. Les femmes, surtout celles qui sont mariées et mères de famille, ont abandonné les travaux les plus rudes, notamment ceux de la culture de la canne, et les enfants au-dessous de l'âge de douze ans ne paraissent plus dans les ateliers, parce qu'on les envoie à l'école, si ce n'est durant la saison des récoltes, époque à laquelle leurs parents leur permettent de travailler dans le voisinage des habitations. Quant aux vieillards et aux infirmes, ils travaillent peu depuis l'affranchissement, la plupart étant soutenus par leurs enfants, qui pourvoient à leurs besoins. En outre, un assez grand nombre de jeunes nègres intelligents ont abandonné la campagne pour aller s'établir dans les villes, où ils ont trouvé à se placer comme domestiques, ou

bien à faire l'apprentissage de divers métiers.
Tous ces changements étaient une conséquence nécessaire du passage des nègres de l'état
d'esclavage à l'état de liberté. Le droit de choi-
sir à volonté et son maître et son genre de travail, est un des éléments essentiels de la liberté;
elle n'existe pas là où ce droit est sujet à des
restrictions ou à des limites.

Quelque considérable, au surplus, que fût la
diminution du nombre de bras appliqués à la
culture, les propriétaires en auraient encore
trouvé assez pour faire marcher leurs exploita-
tions, s'ils avaient agi avec la sagesse, la pru-
dence et la probité que leur commandait leur
nouvelle position. S'ils avaient mis plus de gé-
nérosité dans leur manière de traiter avec leurs
travailleurs, désormais hommes libres; s'ils
avaient eu plus de respect pour les droits nou-
vellement acquis; s'ils avaient plus équitable-
ment proportionné le salaire au travail, nul
doute que le résultat n'eût été plus avantageux
pour leurs intérêts. Or, c'est ce qu'ils n'ont pas
fait, du moins l'immense majorité d'entre eux.
Ayant dans leurs mains la puissance législative,
ils ont cherché, sous un régime de liberté, à
obtenir encore un travail forcé; et cette conduite, dans un très-grand nombre de cas, a fait
déserter les travailleurs, et les a contraints à al-

ler s'établir dans des villages libres, où ils pussent se sentir affranchis d'une gêne qui leur
rappelait trop vivement leur condition servile
d'autrefois, et hors de la portée des tracasseries
fatigantes de ces petits tyrans.

Sans perdre de vue cet exposé, nous allons
maintenant donner un relevé des quantités de
sucre importées en Angleterre par les colonies
émancipées, non compris Maurice et le cap de
Bonne-Espérance, pendant un nombre d'années
donné, sous les trois régimes de l'esclavage, de
l'apprentissage et de la liberté :

Quintaux.

Moyenne des importations durant
les six dernières années de l'esclavage. 3,899,380
Idem, pendant les quatre années
de l'apprentissage.                         3,488,560
Idem, pendant les cinq années de
la liberté.                                 2,441,911

Mais certaines causes spéciales ont influé
sur les exportations de sucre de ces colonies
pour les ports de la Grande-Bretagne, depuis
l'abolition de l'esclavage. Ce sont, entre autres, l'affaiblissement continuel de la population ouvrière, par l'excédant des décès sur les
naissances, jusqu'à la fin de l'apprentissage, et
qu'on peut évaluer à 5,000 individus par année;
une sécheresse opiniâtre, qui n'a cessé de sévir

depuis l'époque de la liberté absolue; l'augmentation considérable de la consommation du sucre dans ces colonies mêmes, pour les besoins des nègres émancipés, 3ooo quintaux ayant été retenus à la Barbade seule, en raison de cette augmentation; le manque de capitaux pour faire marcher les cultures sur des habitations pauvres ou obérées; enfin, le désir si naturel des travailleurs libres d'aller s'établir aussi près que possible des villes, en raison du double avantage qu'ils y trouvent de pouvoir se procurer au meilleur marché les denrées dont ils ont besoin, et d'y trouver un débouché pour les produits de leur petite industrie, tels que légumes, volailles, etc. Aujourd'hui, la plupart des causes que nous venons d'énumérer commencent à se faire moins sentir de jour en jour; on s'aperçoit déjà d'une augmentation progressive dans la population, et d'un reflux de travailleurs dans les districts de la campagne. Cependant, les capitaux continuent à manquer, et ce qu'on doit surtout déplorer, c'est que les propriétaires, au lieu de résider par eux-mêmes sur leurs habitations, en abandonnent la régie aux mains d'une classe d'hommes dont les intérêts ne sont que trop souvent en conflit avec ceux de leurs commettants et avec ceux des travailleurs soumis à leur direction.

Les exportations de sucre des colonies anglaises descendirent à leur
minimum en 1841, époque à laquelle les chargements de cette den-
rée pour la Grande-Bretagne n'al-  Quintaux.
lèrent qu'à                                        2,151,217
    En 1842, ils furent de              2,473,715
    Et en 1843, ils atteignirent        2,503,577

Chacune des principales colonies sucrières,
comme la Jamaïque, la Trinité, la Guyane anglaise, celles même où ont retenti les plaintes
les plus amères et les plus bruyantes, a éprouvé
une augmentation sensible dans l'exportation de
ses produits.

|  | Quintaux. | Tierçons. | Barriques. |
|---|---|---|---|
| En 1841, la Jamaïque a exporté, en sucre.... | 30,560 | 4,436 et | 2,296 |
| En 1842............ | 47,892 | 6,872 | 1,334 |
| En 1841-2, la Trinité a exporté............. | 9,144 | » | » |
| En 1842-3.......... | 12,649 | » | » |

On estime qu'à la Guyane anglaise la ré-
colte en sucre, pour 1842-3, excède celle de
l'année précédente de 1000 à 1200 quintaux.
Et partout les exportations en rhum et mé-
lasses se sont accrues proportionnellement à
celles du sucre.

Ce sont là des faits bien propres, suivant nous, à convaincre ceux qu'auraient pu égarer les attaques injustes des ennemis de la liberté humaine, que ce serait à tort qu'on accuserait de paresse les nègres émancipés des colonies anglaises. Peut-être ils n'ont pas fourni à la culture la même somme de travail qu'autrefois, et nous avons exposé les causes de cette différence ; mais les travaux de ceux d'entre eux qui ont renoncé aux occupations agricoles n'ont pas non plus été perdus pour les colonies. Ils contribuent de diverses manières à avancer la véritable et solide prospérité de ces dépendances de l'empire britannique, et finiront même, nous en avons la certitude, par leur donner une valeur bien supérieure à celle qu'elles ont jamais eue pour la mère-patrie. Quoi qu'il en soit, nous n'hésiterons pas à dire que, lors même que les exportations en sucre eussent descendu à zéro, on n'aurait pas encore le droit de se faire de cette circonstance un argument contre l'émancipation. N'est-ce pas, en effet, une monstruosité, que de mettre en balance des boucauts de sucre avec la liberté de l'homme, et des richesses si criminellement acquises avec les droits inaliénables, les affections sociales et le bonheur du genre humain ? Pensée impie autant qu'abjecte, et que doit repousser avec indignation quiconque apprécie ses propres droits d'homme, et désire les transmettre intacts à ses descendants !

L'autre point qui réclame un moment d'attention, c'est le prix du travail, sous le régime de la liberté, heureusement établi aujourd'hui dans les colonies anglaises. On a accusé les nègres émancipés de prétentions extravagantes en fait de salaires ; ce reproche est dénué de fondement. Sur quelle base se règle par tout pays le prix du travail, de quelque nature qu'il puisse être? Sur celle du rapport existant entre l'offre et la demande. Pourquoi donc voudrait-on faire exception à cette règle universelle pour les colonies anglaises? Si les planteurs ont besoin de travail, il faut qu'ils le payent, comme ils payent toute autre marchandise, au cours du marché; et s'il s'en trouve parmi eux qui ne puissent en donner le prix courant, soit faute de moyens, soit en raison de la situation embarrassée de leurs propriétés, par suite de quelques circonstances locales, d'hypothèques, du peu de fertilité de leur terrain, etc., la faute n'en est pas aux travailleurs, mais ne résulte évidemment que de l'impuissance où ils sont de soutenir la concurrence avec les autres planteurs plus riches qu'eux, dont les propriétés sont libres de toutes dettes, ou qui jouissent des avantages d'un sol plus riche, ou d'une situation plus favorable. Dans toutes circonstances possibles, la concurrence ruinerait cette classe de planteurs; mais ce qu'ils perdraient, d'autres le gagneraient. L'esclavage ne pourrait pas les sauver plus que la liberté.

A la Jamaïque, le travail des champs, lorsqu'il est exécuté à la journée, à raison de neuf heures, et non à la tâche, revient à 1 fr. 20 c. ou à 1 fr. 30 c., suivant l'habileté de l'ouvrier et la situation de la propriété. Les artisans, les hommes habiles dans un métier quelconque, gagnent par jour jusqu'à 3 fr. Ceux qui sont employés à la construction des bâtiments, dans les manufactures de sucre ou autres, sont payés à raison de 2 fr. 40 c. par journée de douze heures. A la Guyane anglaise, le salaire du travailleur est de 1 fr. 15 ou 20 c. pour une journée de sept heures et demie, ou pour une tâche équivalente; à la Trinité, il reçoit 2 fr. 50 c. environ pour une journée complète; à la Barbade, 1 fr. par jour; à Antigoa, de 90 c. à 1 fr. 30 c.; à St-Kitts, 1 fr. 20 c. à 1 fr. 25 ou 29 c.; et dans les autres colonies à proportion. On voit qu'à la Guyane anglaise et à la Trinité, les salaires sont plus élevés qu'ailleurs; mais cela vient de ce que la fertilité supérieure du sol de ces colonies donne aux planteurs le moyen de payer plus libéralement leurs ouvriers.

Un fait positif, c'est que, eu égard au prix élevé des denrées, des articles d'habillement, etc., dans les colonies, le taux général des salaires ne suffirait pas pour que les travailleurs libres pussent subvenir d'une manière confortable à leurs besoins et à ceux de leurs familles, sans le profit qu'ils tirent de la vente des légumes, volailles, etc., qu'ils portent au marché. Et ce qu'il y a de vrai encore, c'est que les planteurs ne se plaignent pas tant d'être obligés de payer des salaires élevés, que de ne pouvoir obtenir tout le travail dont ils ont besoin aux prix courants. Au surplus, tous ne se plaignent pas de la trop petite quantité de travail; il en est qui en trouvent plus qu'il ne leur en faut, et qui sont prêts à démontrer, non-seulement que le travail libre est à meilleur marché que celui des esclaves, mais qu'il vaut infiniment mieux avoir à traiter avec des hommes libres qu'avec des esclaves.

Les plaintes relatives aux salaires et celles qui ont le travail pour objet, sont, pour la plupart, aussi mal fondées les unes que les autres. A l'égard des premières, on peut dire avec vérité que les salaires sont à un taux très-modéré; et à l'égard des secondes, qu'on peut se procurer tout le travail dont on a besoin, et même, à en juger d'après la prospérité générale des colonies,

que la masse de travail dépasse celle qu'on ob-
tenait durant la période de l'esclavage : ce qui le
prouve, c'est que l'importation des produits ma-
nufacturés de l'Angleterre et des articles de fabri-
que étrangère s'est considérablement accrue, et
que le crédit des colons, dans les marchés étrangers, est infiniment plus étendu qu'autrefois.

Mais de ces différents points de vue qui, après
tout, ne sont que d'une importance secondaire,
nous passerons à la grande, à la principale question, à l'abolition de l'esclavage dans les colonies
françaises ; et, sans nous écarter du respect dont
nous faisons profession pour une des premières
nations du monde, mais aussi avec toute la so-
lennité que commande la circonstance et toute
l'ardeur du sentiment qui nous anime, nous nous
écrierons : Français, voulez-vous donc que deux
cent cinquante mille de vos semblables, innocents de tout crime, soient retenus dans les fers,
afin qu'un petit nombre de planteurs puissent
continuer à augmenter ces richesses qu'ils n'ont
acquises qu'au prix des tortures et du sang de
leurs malheureux esclaves ? Est-ce donc votre
bon plaisir que même un seul homme, une seule
femme, un seul enfant, nés à l'ombre du pavillon
de la France, de ce pavillon dont l'honneur est
pour vous l'objet d'un si jaloux orgueil, soient
dépouillés des droits de l'humanité, frustrés du

prix de leurs travaux par une poignée de petits
despotes qui seront la honte et l'opprobre de
leur patrie, tant qu'il leur sera permis d'invoquer la protection de ce pavillon, pour le maintien de l'esclavage? Représentez-vous une famille
avec laquelle vous avez des relations de voisinage,
d'amitié, de parenté, représentez-vous-la réduite
à la condition d'esclaves, traînée au marché, et
là, divisée en lots comme un troupeau de bêtes
brutes, pour allécher les acheteurs et satisfaire
leurs convenances. Imaginez, si vous pouvez,
l'agonie de la séparation, au moment de ces
ventes abominables, lorsque dans tout leur être
il n'est pas une seule fibre que la douleur ne
fasse vibrer, lorsque tous ces cœurs, ou sont
en proie à une rage frénétique, ou succombent
sous les angoisses d'un désespoir qui tarit jusqu'à la source de leurs larmes. Le mari est séparé
de sa femme, la mère est séparée de son enfant;
tardent-ils à obéir, on a recours à la force pour
les arracher d'une dernière et inutile étreinte;
et s'ils résistent ouvertement, le fouet est là pour
les contraindre à céder. Supposez votre fille ou
votre épouse soumise à l'autorité dégradante d'un
maître brutal et lascif, qui, dans la poursuite
de ses criminels plaisirs, se joue de l'innocence
de la jeunesse, et se rit des répugnances et
des prières d'une faible femme. Et, si elles

osent résister à ses impudiques désirs, pou-
vez-vous ne pas sentir votre cœur se déchirer,
et se soulever vos sentiments de père et d'é-
poux, en voyant ces infortunées indignement dé-
pouillées du peu de vêtements qui les couvrent,
déchirées de coups de fouet, et payant de leur
sang, et peut-être de leur vie même, la défense
de leur vertu? Imaginez enfin que cette horrible
scène se passe sous vos yeux, sans que vous puis-
siez sauver les victimes de l'outrage qu'elles subis-
sent. Ah! sans doute c'en est trop de ce tableau
révoltant, un des plus horribles effets de l'esclavage, pour exciter votre zèle et vos efforts jusqu'à ce que cet odieux système soit à jamais aboli.

Vous nous pardonnerez cet appel à votre pa-
triotisme et à votre sensibilité. Vous êtes Français, vous êtes époux et pères, vous aimez votre
patrie, parce que c'est une terre de liberté; vous
aimez le toit domestique et tout ce que ce mot
rappelle de sentiments tendres et d'idées propres à remplir un cœur d'homme d'une juste
fierté. Comment donc hésiterions-nous à vous
conjurer d'effacer du beau nom de la France cette
tache de l'esclavage qui le souille, et à demander à vos législateurs que partout où flotte son
glorieux pavillon, un homme ne puisse pas être
la propriété d'un homme; que dans tous les lieux
qui reconnaissent sa puissance, tous les hommes

soient libres, sans distinction de race, de climat ou de couleur; que partout enfin le sanctuaire des affections domestiques, ces priviléges du foyer du pauvre, et la propriété qui a sa source dans l'exercice du travail et de l'industrie, soient autant d'objets sacrés que ne puisse profaner le contact d'une cupidité égoïste et d'une tyrannie sans remords.

Dites un mot, et les fers tomberont des mains de deux cent cinquante mille esclaves! Vous n'avez qu'un mot à dire, et les Antilles françaises, si longtemps souillées par l'esclavage, deviendront le séjour de la liberté et de la paix! Un mot seulement, et vous affranchissez pour toujours votre pays du crime et du déshonneur de perpétuer la servitude de tant de milliers de vos semblables! Parlez, et la pauvre mère, esclave aujourd'hui, en pressant ses enfants contre son sein, pourra dire : Ils sont à moi. Parlez, et l'on ne verra plus de faibles femmes exposées nues à tous les regards, et se débattant vainement sous le fouet qui les déchire. Parlez, et l'innocence de la jeune fille, à peine échappée à l'enfance, n'aura plus à redouter l'infâme libertinage d'un maître. Parlez, et l'esclave n'arrosera plus de ses larmes, ne rougira plus de son sang le sol qu'il cultive. Parlez, et les bénédictions de ceux qui peuvent périr d'un instant à l'autre tomberont sur vous comme une douce rosée. Parlez à vos représentants, pressez-les de faire ce qu'ils doivent à l'humanité, à la justice, à la France, au monde. Fatiguez vos chambres de pétitions, s'il le faut, pour que, dans toutes les possessions de la France l'esclavage soit aboli sans délai, sans restriction. Poursuivez cette œuvre glorieuse avec courage, avec persévérance, avec zèle, et votre triomphe est sûr, et il sera prompt. Gardez-vous d'écouter, nous vous en supplions, ni les ignobles remontrances des colons, ni les froids calculs de vos financiers, ni les théories inhumaines de vos hommes d'État. Si vos voisins s'étaient arrêtés à ces indignes obstacles, l'esclavage existerait encore dans les deux Indes ; s'ils avaient approuvé les mesures que la législature et le gouvernement croyaient seules applicables à ces contrées, des millions d'individus gémiraient encore dans l'esclavage, qui aujourd'hui, délivrés de leurs fers, lèvent les mains et les yeux vers le ciel, reconnaissants et fiers, non-seulement de leur propre liberté, mais de la liberté réservée à leur postérité et à toutes les générations qui doivent naître après eux.

Et surtout ne l'oubliez pas, ce que la France va faire dans cette grande et noble entreprise retentira puissamment, sera vivement senti dans tout l'univers. Sa position lui donne, relativement à cette question, une influence que n'a pas la Grande-Bretagne, ou qu'elle n'exerce du moins qu'en partie. Que la France achève donc l'œuvre de l'émancipation de ses colonies, qu'elle l'achève promptement, et comme il convient à une puissante et généreuse nation; et six millions d'esclaves qui languissent, qui périssent dans la servitude, au Nouveau Monde, sentiront leurs cœurs tressaillir, lorsque le cri de la liberté, parti des Antilles françaises, leur arrivera sur l'aile des vents; ils relèveront la tête, ils se réjouiront, persuadés que le jour de leur délivrance est proche.

Une excuse bien simple, mais suffisante, nous l'espérons, doit justifier cet appel de notre part, sur une question qui absorbe toutes nos pensées, tous nos sentiments; c'est que nous sommes hommes, membres de cette immense famille à laquelle vous appartenez; c'est que nous ne reconnaissons nulle distinction de race, de religion ou de pays, dans cette grande lutte pour la liberté et le bonheur de l'espèce humaine, et qu'enfin rien de ce qui touche à sa civilisation et à son bien-être ne nous est, ne peut nous être indifférent.

FIN.

Paris. — Typographie de Firmin Didot frères, rue Jacob, 56.